FRANZÖSISCHE
Küche

KÖNEMANN

ZUTATEN DER FRANZÖSISCHEN KÜCHE

Die meisten Zutaten für die französische Küche sind vertraut und überall erhältlich. Sollte etwas am Ort nicht zu bekommen sein, läßt es sich in der Regel leicht selbst herstellen oder ersetzen.

Auberginen: Längliche Früchte mit glatter, glänzender dunkelvioletter Schale und hellem Fleisch.

Bouquet garni: Kräutersträußchen aus Petersilie, Thymian und Lorbeerblatt, das zusammen mit Pfefferkörnern in ein Musselinsäckchen gebunden und in Eintöpfen und Saucen mitgekocht wird.

Brunnenkresse: Winterharte grüne Blattpflanze aus der Senffamilie; wächst am Wasser. Die dunkelgrünen, abgerundeten Blätter haben ein pfeffriges Aroma. Für Sandwiches, Salate oder zum Garnieren.

Croustade: Pastetchen aus geröstetem Brot oder anderem Teig, die gefüllt werden.

Dill: Zum Würzen von Suppen, Saucen, Salaten und Marinaden.

Estragon: Ein sehr würziges Kraut, das sich gut für Geflügelgerichte eignet. Wird auch zur Aromatisierung von Essig und vor allem in der Sauce béarnaise benutzt. Beim Kauf von frischem Estragon darauf achten, daß man auch wirklich französischen und keinen russischen Estragon erhält, der sehr viel weniger Aroma hat. Französischen Estragon erkennt man an dem süßen, durchdringenden Geruch, wenn man ihn zwischen den Fingern zerreibt.

Französischer Senf: Wird aus Senfkörnern, Kräutern, Öl und Essig hergestellt. Französischer Senf ist würzig, aber nicht scharf. Der berühmteste ist der Dijon-Senf, der milder ist als die meisten anderen Senfsorten und sich vor allem zum Würzen zarter Fleischsorten wie Kalb und Geflügel eignet.

Geflügelleberpastete: Weiche Pastete aus Geflügelleber; in Lebensmittelläden und an der Wursttheke im Supermarkt erhältlich.

Gougère: Brandteig aus Wasser, Fett und Mehl als Basis für verschiedene andere Zutaten.

Gruyère: Hartkäse mit einem Mindestfettgehalt von 27 Prozent. Verwandt mit dem Emmentaler. Französischer Gruyère ist milder als die Schweizer Sorte.

Kräuter: Generell werden für die folgenden

Rezepte frische Kräuter benötigt. Die wichtigsten Kräuter in der französischen Küche sind Petersilie, Thymian und Lorbeerblätter, die auch das Bouquet garni bilden; daneben spielen Estragon, Dill und Basilikum eine Rolle. Wenn keine frischen Kräuter zur Hand sind, können sie durch getrocknete ersetzt werden. Dabei etwa ein Drittel der angegebenen Menge verwenden, da getrocknete Kräuter einen stärkeren Geschmack haben.

Lauch: Mildes Gemüse aus der Zwiebelfamilie. Den besten Geschmack haben mittelgroße Stangen. Lauch kann gegebenenfalls durch Frühlingszwiebeln ersetzt werden.

Meerrettich: Wurzel der Meerrettich-Pflanze. Der im Handel erhältliche geriebene Meerrettich enthält in der Regel noch Öl, Essig und Zucker.

Melba-Toast: Dünne Brotscheiben ohne Kruste, die im Ofen getrocknet werden.

Olivenöl: Öl von reifen Oliven. Wird in der gesamten Mittelmeerküche verwendet.

Parmesan: Hartkäse, der am Stück oder gerieben verkauft wird. Sehr würzig. Sparsam verwenden.

Piment: Körner mit dem Aroma von Nelken, Muskat und Zimt. Wird zum Würzen von Süßspeisen und Hauptgerichten benutzt.

Rotweinessig: Essig aus Rotwein. In den meisten Supermärkten und Lebensmittelgeschäften erhältlich.

Schweineschmalz: In Metzgereien und Lebensmittelgeschäften erhältlich. Wird wie Butter in Paketen verkauft.

Vinaigrette: Salatsauce, die sich in der Küchenmaschine vorbereiten und mehrere Wochen im Kühlschrank aufbewahren läßt. Sie besteht aus Olivenöl, Weinessig, Dijon-Senf und Pfeffer. Normalerweise nimmt man 5 Teile Öl auf einen Teil Essig. Olivenöl wird im Kühlschrank hart, deshalb eine halbe Stunde vor dem Verwenden herausnehmen.

Weizenschrot: Bei Weizenschrot oder Bulgur handelt es sich um grob zerkleinerte Weizenkörner, die wegen ihres nussigen Aromas benutzt werden.

Französische Küche

Die Zwiebeln ca. 20 Min. braun braten.

Knoblauch und Zucker zugeben und rühren, bis der Zucker angebräunt ist.

Essig, Mehl, Sherry, Wein, Brühe und Wasser zugeben und unter Rühren kochen, bis die Suppe dick wird.

Brotscheiben von beiden Seiten mit Öl bestreichen und mit geriebenem Parmesan bestreuen.

SUPPEN UND VORSPEISEN

Die folgenden Gerichte sind auch als leichte Hauptmahlzeiten geeignet, wenn man sie mit Salat serviert.

Französische Zwiebelsuppe

Vorbereitungszeit:
15 Min.
Zubereitungszeit:
45 Min.
Für 4–6 Personen

50 g Butter
1 EL Olivenöl
4 große Zwiebeln, in dünne Scheiben geschnitten
1 Knoblauchzehe, zerdrückt
1 EL Zucker
2 EL Rotweinessig
50 g Mehl
150 ml trockener Sherry
250 ml trockener Weißwein
450 ml Rinderbrühe
350 ml Wasser
Petersilie zum Garnieren

FÜR DIE CROÛTONS:
2 EL Olivenöl
1 Knoblauchzehe, zerdrückt
1 kleines Baguette, in 2 cm dicken Scheiben
30 g geriebener Parmesan

1. Butter und Olivenöl in einem großen Topf erhitzen und die Zwiebeln darin ca. 20 Min. anbräunen.
2. Knoblauch und Zucker zugeben und rühren, bis der Zucker braun geworden ist. Essig angießen, 2 Min. kochen lassen. Das Mehl über die Zwiebeln streuen, 1 Min. durchrühren und mit Sherry, Weißwein, Brühe und Wasser auffüllen. Unter Rühren aufkochen, bis die Suppe kocht und dick wird. Dann auf kleiner Flamme ohne Deckel ca. 25 Min. kochen lassen.
3. Den Backofen auf 210 °C vorheizen. Olivenöl und Knoblauch verrühren. Die Brotscheiben auf beiden Seiten damit bestreichen; eine Seite mit Parmesan bestreuen. 5 Min. backen, bis die Croûtons goldbraun und knusprig sind.
4. Eine Scheibe Brot in jeden Suppenteller legen, die Suppe darüber gießen und mit Petersilie garnieren.

TIP
Damit die Suppe ihren charakteristischen Geschmack bekommt, müssen die Zwiebeln wirklich braun sein. Der Zucker dient dazu, die Zwiebeln zu karamelisieren. Die Zwiebeln bei großer Hitze anbraten, dann auf mittlere Hitze herunterschalten und langsam braun werden lassen. Die Parmesan-Croûtons passen auch zu vielen anderen Gerichten, vor allem zu Salaten. Sie sind sättigender als normales Knoblauchbrot.

Croustade mit Krabbenfüllung

Als Vorspeise servieren.

Vorbereitungszeit:
45 Min.
Zubereitungszeit:
25 Min.
Für 6 Personen

½ Kastenweißbrot
150 ml Olivenöl
1 Knoblauchzehe, zerdrückt

FÜR DIE FÜLLUNG:
500 g ungekochte Krabben
350 ml Wasser
2 Zitronenscheiben

50 g Butter
6 Frühlingszwiebeln
3 EL Mehl
Pfeffer
1 EL Zitronensaft
1 EL getrockneter Dill
60 ml Sahne
Petersilie und Zitronenscheiben zum Garnieren

---

1. Den Backofen auf 210 °C vorheizen. Das Weißbrot entrinden und in 5 cm dicke Scheiben schneiden. Diese diagonal durchschneiden, so daß zwei Dreiecke entstehen. Diese aushöhlen. Dabei einen ca. 1 cm breiten Rand und Boden stehenlassen. Öl und Knoblauch in einem kleinen Topf erhitzen und die Brote von allen Seiten damit bestreichen. 10 Min. backen.

2. Für die Füllung die Krabben schälen, den Darm entfernen und die Krabben grob hacken. Mit den Zitronenscheiben 15 Min. leicht kochen lassen, abgießen. Das Kochwasser aufbewahren.

3. Die Butter erhitzen und die gehackten Frühlingszwiebeln weichdünsten. Mehl und Pfeffer zugeben. 2 Min. auf kleiner Flamme durchrühren. Unter ständigem Rühren das aufgehobene Kochwasser angießen und ca. 5 Min. weiterrühren, bis die Sauce kocht und dick wird. Zitronensaft, Dill, Sahne und Krabben unterziehen und ca. 5 Min. sanft erhitzen.

4. Die Füllung in die Brotscheiben löffeln und mit Petersilie und Zitronen garnieren.

Die Brotscheiben aushöhlen, ohne den Boden zu verletzen.

Frühlingszwiebeln hacken und in Butter weichdünsten. Mehl und Pfeffer einrühren.

Suppen und Vorspeisen

Zitronensaft, Dill, Sahne und Krabben in die Sauce geben und 5 Min. erhitzen.

Vor dem Servieren die Füllung in die ausgehöhlten Brotscheiben löffeln.

Tomaten- und Oliventorte

Herzhaft und kräftig.

Vorbereitungszeit:
20 Min. + 30 Min. Kühlen
Zubereitungszeit:
30–35 Min.
Für eine 2 cm tiefe Form

FÜR DEN TEIG:
300 g Mehl
90 g Butter, in Stücke geschnitten
1 Eigelb
1 EL Wasser

FÜR DIE FÜLLUNG:
2 EL Olivenöl
1 EL französischer Senf
6 Sardellenfilets, zerdrückt
20 g Butter
6 kleine Tomaten, geschält und gehackt
3 Zwiebeln, in dünne Scheiben geschnitten
1 TL Zucker
2 EL feingeschnittenes Basilikum
150 g entsteinte Oliven, in Scheiben geschnitten
60 g geriebener Gruyère

---

1. Backofen auf 210 °C vorheizen. Eine 2 cm tiefe Tortenbodenform mit zerlassener Butter oder Öl einfetten. Gleichmäßig mit Mehl bestreuen, überschüssiges Mehl abschütteln. Für den Teig Butter und Mehl in die Küchenmaschine geben und 30 Sek. zu einer krümeligen Mischung verarbeiten. Eigelb und Wasser verrühren, dazugießen und nochmals 30 Sek. durchschlagen. Auf einer leicht gemehlten Arbeitsfläche kurz verkneten, mit Plastikfolie abdecken und 30 Min. in den Kühlschrank legen.

2. Für die Füllung Öl, Senf und Sardellenfilets mit einer Gabel oder in der Küchenmaschine glattrühren. Den Teig ausrollen und die Form damit auslegen. Mit einem großen Blatt fettdichtem Papier abdecken und eine Lage getrockneter Bohnen darüber streuen. 15 Min. backen. Aus dem Ofen nehmen, Papier und Bohnen entfernen, abkühlen lassen. Mit der Senf-Sardellen-Paste bestreichen. In einem mittelgroßen Topf die Butter erhitzen und die Tomaten und Zwiebeln darin weichdünsten. Vom Herd nehmen, überschüssige Flüssigkeit abgießen. Die Tomaten-Zwiebelmischung auf dem Teig verteilen. Die Olivenscheiben mit Zucker und Basilikum verrühren und gleichmäßig über die Tomaten löffeln. Mit Käse bestreuen.

3. 20 Min. backen, bis der Teig knusprig und der Käse gebräunt ist.

TIP
Tomaten lassen sich am besten schälen, wenn man sie oben kreuzförmig einritzt, in eine Schüssel legt, mit kochendem Wasser begießt und 1–2 Min. darin liegen läßt. Dann sofort mit kaltem Wasser abspülen und die Haut abziehen.

In der Küchenmaschine Mehl und Butter verrühren, bis eine feine krümelige Masse entsteht.

Den Teig mit bemehlten Händen auf einer leicht bemehlten Arbeitsfläche kurz durchkneten.

Die Senf-Sardellen-Mischung auf den Teig streichen.

Tomaten und Zwiebeln auf der Sardellenpaste verteilen, dann die Oliven.

Fischpastete mit Melba-Toast

Ideal als Vorspeise.

Vorbereitungszeit:
10 Min. + Kühlung
Zubereitungszeit:
15 Min.
Für 4–6 Personen

---

500 g geräucherter Kabeljau
60 ml Olivenöl
1 Knoblauchzehe, zerdrückt
2 EL Mehl
60 ml Zitronensaft
250 ml Milch
Melba-Toast (s. Tip)
Zitronen und Dill zum Garnieren

---

1. Den Fisch in einen großen Topf legen, mit kaltem Wasser bedecken, langsam zum Kochen bringen und 10–15 Min. ohne Deckel köcheln lassen. Wasser abgießen, das Fleisch mit der Gabel zerpflücken, Gräten entfernen.

2. In einem großen Topf das Öl erhitzen. Knoblauch und Fisch zugeben, eine Min. durchrühren. Hitze reduzieren, das Mehl darüberstreuen und unter ständigem Rühren nach und nach erst den Zitronensaft und dann die Milch zugeben und zum Kochen bringen. Weiterrühren, bis die Mischung dick wird.

3. In die Küchenmaschine umfüllen und 30 Sek. glattrühren. In einzelne Portionsschüsseln füllen und in den Kühlschrank stellen, bis die Paté fest geworden ist. Mit Zitronenscheiben und Dill garnieren, mit Melba-Toast servieren.

Tip
Melba-Toast wird aus frischen, entrindeten Weißbrotscheiben hergestellt. Das Brot mit dem Nudelholz flachdrücken und in die gewünschte Form schneiden. 10 Min. bei 220 °C im Backofen trocknen lassen.
Man kann auch Toastbrotscheiben von beiden Seiten toasten und mit einem scharfen Messer mit Sägeschliff in der Mitte durchschneiden, so daß zwei sehr dünne Brotscheiben entstehen, die nur von einer Seite getoastet sind. Die andere Seite ebenfalls leicht toasten.

Den geräucherten Kabeljau mit der Gabel zerpflücken, Gräten entfernen.

Mehl über Fisch und Knoblauch geben und bei geringer Hitze verrühren.

Suppen und Vorspeisen

Nach und nach die Milch angießen, bis die Mischung kocht und dick wird.

In die Schüssel der Küchenmaschine geben und 30 Sek. glattrühren.

Gougère mit Champignons und Schinken

Vorbereitungszeit:
40 Min.
Zubereitungszeit:
30–40 Min.
Für 4–6 Personen

FÜR DEN TEIG:
75 g Butter
250 ml Wasser
150 g Mehl
3 Eier, verquirlt

FÜR DIE FÜLLUNG:
30 g Butter
1 Zwiebel, gehackt
250 g Champignons, gehackt
3 EL Mehl
250 ml Hühnerbrühe
2 TL französischer Senf
250 g Schinkenstreifen
1 mittelgroße Tomate, geschält, entkernt und gehackt
1 EL Basilikum oder Thymian, fein gehackt

1. Backofen auf 210 °C vorheizen. Eine tiefe feuerfeste Form von 25 cm Länge mit zerlassener Butter oder Öl einfetten. Für den Teig Butter und Wasser zum Kochen bringen, vom Herd nehmen und das Mehl zugeben. Kräftig rühren, bis das Mehl ganz aufgesaugt ist. Etwas abkühlen lassen. Die Eier verrühren und nach und nach gründlich unter den Teig ziehen. Den Teig dünn auf Boden und Seiten der gefetteten Form streichen.

2. Für die Füllung die Butter in einem mittelgroßen Topf erhitzen und die Zwiebeln darin unter Rühren 1 Min. anschwitzen lassen. Die Champignons zugeben, zudecken und 3 Min. dünsten. Deckel abnehmen und das Mehl einrühren. Anschließend die Hühnerbrühe angießen, glattrühren und 3 Min. köcheln lassen. Senf, Schinkenstreifen, Tomaten und Basilikum oder Thymian unterziehen.

3. Die Füllung auf den Teig geben. 30 Min. backen, dann den Herd auf 180 °C herunterschalten und weitere 10 oder 15 Min. backen, bis der Teig aufgeht und braun wird. Sofort servieren.

Das Mehl abseits vom Herd kräftig und gründlich mit dem Wasser und der Butter verrühren.

Nach und nach die geschlagenen Eier zugeben und gut unterrühren.

Suppen und Vorspeisen

Das Mehl über die Zwiebeln und die Champignons stäuben und die Hühnerbrühe angießen.

Senf, Schinkenstreifen, Tomaten und Basilikum oder Thymian in der Sauce verrühren.

Käsesoufflé mit Krebssauce

Vorbereitungszeit:
35 Min.
Zubereitungszeit:
15–20 Min.
Für 6 Personen

---

3 EL Paniermehl
20 g Butter
40 g Mehl
250 ml Milch
3 EL geriebener
  Parmesan
90 g geriebener Käse
1 TL französischer Senf
3 Eier, getrennt

FÜR DIE SAUCE:
130 g Butter
2 EL Mehl
1 TL gemahlener süßer
  Paprika
80 ml Hühnerbrühe
150 ml Sahne
2 EL Sherry
frisch gemahlener
  Pfeffer
1 x 200-g-Dose
  Krebsfleisch, gut
  abgetropft

---

1. Backofen auf 180 °C vorheizen. 6 Soufflé-Formen (ca. ¼ l Inhalt) mit zerlassener Butter bestreichen. Seiten und Boden gleichmäßig mit Paniermehl bestreuen. Überschüssiges Paniermehl abschütteln.
2. Die Butter in einem kleinen Topf erhitzen. Hitze reduzieren, das Mehl zugeben und 2 Min. unter Rühren anbräunen lassen. Unter ständigem Rühren nach und nach die Milch zugießen. Weiterrühren, bis die Sauce kocht und dick wird, noch 1 Min. kochen lassen, vom Herd nehmen. Käse, Senf und Eigelb unterziehen.
3. Das Eiweiß in einer sauberen Rührschüssel steif schlagen, bis sich am Schneebesen Spitzen formen. Mit einem Metalllöffel nach und nach unter die Käsemischung heben und sofort in die vorbereiteten Soufflé-Formen gießen. 10–15 Min. backen, bis die Soufflés fest und goldbraun sind. Sofort mit der Krebssauce servieren, da sie schnell zusammenfallen.
4. Für die Krebssauce die Butter in einem kleinen Topf erhitzen, Mehl und Paprika einrühren. Brühe, Sahne und Sherry angießen und unter ständigem Rühren aufkochen, bis die Sauce dick wird. Das abgetropfte Krebsfleisch unterziehen, pfeffern. Sofort servieren.

Hinweis: Das Soufflé kann auch in einer großen Soufflé-Form von 14 cm Durchmesser gebacken werden. Backzeit ca. 45 Min. Soufflés sollten leicht wackeln und in der Mitte noch feucht sein. Die ersten beiden Arbeitsschritte können auch im voraus erledigt werden. In diesem Fall die Zutaten langsam erhitzen, bevor das Eiweiß untergezogen wird.

Suppen und Vorspeisen

Seiten und Boden der Soufflé-Formen mit Paniermehl bestreuen. Überschüssiges Paniermehl abschütteln.

Abseits vom Herd Senf, Käse und Eigelb unterziehen.

Das Eiweiß in eine saubere Rührschüssel geben und steif schlagen, bis sich kleine Spitzen bilden.

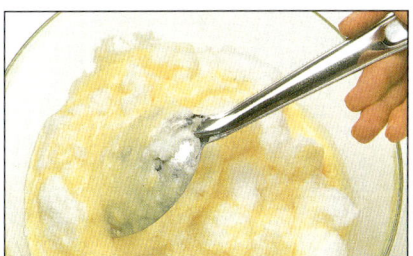

Mit einem Metalllöffel das Eiweiß unter die Käsemischung heben.

Kartoffelomelette mit Olivenpaste

Vorbereitungszeit:
20 Min.
Zubereitungszeit:
20 Min.
Für 4–6 Personen

FÜR DAS OMELETTE:	*FÜR DIE PASTE:*
2 EL Olivenöl	*90 g entsteinte Oliven*
3 Scheiben Schinkenspeck, fein gehackt	*1 EL Kapern*
2 mittelgroße Kartoffeln, gewürfelt	*1 Dose Thunfisch, abgetropft (ca. 425 g)*
1 Zwiebel, in dünnen Scheiben	*60 ml Olivenöl*
6 Eier, verquirlt	*60 ml Zitronensaft*
2 EL Milch	*1/2 Bund Petersilie, gehackt*
schwarzer Pfeffer	*Zitronenscheiben zum Garnieren*

1. Das Öl in einer tiefen Omelettepfanne mit schwerem Boden erhitzen. Den Speck darin goldbraun anbraten, herausnehmen und beiseite stellen. Anschließend die Kartoffeln goldbraun braten; aus der Pfanne nehmen und beiseite stellen. Jetzt die Zwiebelscheiben goldbraun braten. Kartoffeln und Speck wieder in die Pfanne geben.
2. Eier und Milch verrühren und über die Kartoffeln gießen, nach Geschmack pfeffern. Bei geringer Hitze zugedeckt 10–15 Min. backen, bis die Eier gestockt sind.
3. Für die Olivenpaste Oliven, Kapern, Thunfisch, Öl und Zitronensaft in der Küchenmaschine 30 Sek. zu einer glatten Paste verarbeiten.
4. Vor dem Servieren das Omelette mit der Paste bestreichen, mit der Petersilie und Zitronenscheiben garnieren und in Achtel schneiden.

Hinweis: Die Olivenpaste oder Tapenade wird in Frankreich oft mit hartgekochten Eiern als pikante Vorspeise gereicht. Sie eignet sich auch als Aufstrich für Toast oder Cracker.

Die Kartoffeln unter häufigem Rühren goldbraun braten.

Den gebratenen Schinkenspeck wieder zu den Kartoffeln und Zwiebeln in die Pfanne geben.

Eier und Milch verrühren und über die Kartoffeln gießen.

Oliven, Kapern, Thunfisch, Öl und Zitronensaft in der Küchenmaschine zu einer glatten Paste verarbeiten.

Lauchtorte

Sehr heiß servieren.

Vorbereitungszeit:
30 Min.
Zubereitungszeit:
30–40 Min.
Für eine Form von 23 cm

FÜR DEN TEIG:
350 g Mehl
150 g Butter, in Stücke geschnitten
2 EL Zitronensaft
1 EL Wasser

FÜR DIE FÜLLUNG:
30 g Butter
2 Scheiben Schinkenspeck, feingehackt
4 Stangen Lauch, in Ringe geschnitten
1 EL Weißweinessig
40 g Mehl
250 ml Milch
2 Eier, verquirlt
150 g geriebener Käse
1 TL grobgemahlener schwarzer Pfeffer
1 verquirltes Ei
Kräuter zum Garnieren

---

1. Backofen auf 210 °C vorheizen. Eine flache runde Backform mit zerlassener Butter oder Öl einfetten. Für den Teig Mehl und Butter in die Schüssel der Küchenmaschine geben und in 30 Sek. zu einer krümeligen Mischung verarbeiten. Zitronensaft und Wasser zugeben und noch 30 Sek. glattrühren. Mit Plastikfolie bedecken und 30 Min. in den Kühlschrank stellen.
2. Für die Füllung die Butter in einem mittelgroßen Topf zerlassen und den Speck darin knusprig braten. Lauch zugeben und 5 Min. weich dünsten. Vom Herd nehmen. Essig und Mehl unterrühren und nach und nach unter ständigem Rühren die Milch angießen. Wieder auf den Herd stellen, unter Rühren aufkochen, bis die Sauce dick wird. Etwas abkühlen. Die Eier verrühren und mit dem Käse und dem Pfeffer unter die Sauce ziehen.
3. Zwei Drittel des Teigs ausrollen und die Form damit auslegen. Füllung auf dem Teig verstreichen. Den restlichen Teig ausrollen und die Füllung damit bedecken. Ränder beschneiden, den Teig mit dem verquirlten Ei einpinseln. Drei tiefe Einschnitte machen, damit der Dampf austreten kann. 30–40 Min. backen, bis die Kruste goldbraun ist.
4. Zum Servieren in Achtel schneiden und mit frischen Kräutern garnieren.

TIP
Lauch hat ein sanftes Zwiebelaroma und bekommt eine cremige Konsistenz, wenn er in Butter gedünstet wird. Die weißen Teile der Lauchstangen sind besonders zart, aber man kann auch ca. 5 cm vom Grün verwenden; der Rest ist zu faserig.
Lauchstangen müssen gründlich gewaschen werden. Dazu die Stangen der Länge nach bis fast zur Wurzel einschneiden. Dadurch lösen sich die Blätter und können unter fließendem Wasser gereinigt werden.

Suppen und Vorspeisen

Mehl und Butter 30 Sek. in der Küchenmaschine zu einer krümeligen Masse verarbeiten.

Zwei Drittel des Teigs ausrollen und damit die Form auslegen.

Den Lauch zu dem knusprigen Schinkenspeck in den Topf geben und ca. 5 Min. dünsten.

Die etwas abgekühlte Füllung auf dem Teig verteilen.

Französische Küche

Zitronenscheiben, Knoblauch und Thymian in den ausgenommenen Fisch füllen.

Den dicksten Teil des Fischs auf beiden Seiten zweimal tief einschneiden.

Zucker, Sardellen, Wein, Tomaten mit ihrem Saft, Zitronensaft und Thymian unterrühren.

Die Sauce über den Fisch gießen und circa 20 Min. backen.

FISCHGERICHTE

Französische Fischgerichte werden mit einer Sauce serviert, die entweder mitgekocht oder über den Fisch gegossen wird. So trocknet der Fisch nicht aus.

Gebackene Zahnbrasse mit Tomaten

Vorbereitungszeit: 25 Min.
Zubereitungszeit: 30–40 Min.
Für 4–6 Personen

1 Zahnbrasse (ca. 1 kg)
3 Zitronenscheiben
1 kleine Zwiebel, in dicke Scheiben geschnitten
1 Knoblauchzehe
1 Zweig Thymian
1 EL Olivenöl

FÜR DIE SAUCE:
2 EL Olivenöl
1 Knoblauchzehe, zerdrückt
1 kleine Zwiebel, gehackt
1 TL Zucker
3 Sardellenfilets, zerdrückt
150 ml Weißwein
1 Dose Tomaten (ca. 450 g)
4 EL Zitronensaft
1 Zweig Thymian
Thymianblätter und Zitronenscheiben zum Garnieren

1. Backofen auf 200 °C vorheizen. Den Fisch abwischen, um lose Schuppen zu entfernen, Flossen abschneiden, Schwanz zu einem V schneiden. Das Innere mit feuchtem Papier auswischen, dann mit Zitronenscheiben, Knoblauchzehe und Thymian füllen. Den dicksten Teil des Fischs auf beiden Seiten zweimal tief einschneiden. Die Außenseite mit Olivenöl bestreichen und den Fisch in eine Auflaufform legen.

2. Für die Sauce das Öl in einem Topf erhitzen und darin den Knoblauch und die Zwiebeln unter Rühren braun braten. Zucker, Sardellenfilets, Weißwein, die zerkleinerten Tomaten mit dem Tomatensaft, Zitronensaft und Thymian zugeben und ohne Deckel köcheln lassen, bis die Sauce um ein Drittel reduziert und leicht angedickt ist.

3. Die Sauce über den Fisch gießen. 20 Min. backen, bis sich das Fleisch mit der Gabel leicht abheben läßt. Auf einer Platte servieren, mit Thymianblättern und Zitronenscheiben garnieren.

TIP
Das Gericht kann warm oder kalt gegessen werden. Die Vorstellung, Fisch kalt zu essen, mag zunächst ungewöhnlich wirken, aber es schmeckt überraschend gut. Der Fisch sollte allerdings Zimmertemperatur haben und nicht direkt aus dem Kühlschrank kommen.

Fischfilets mit Buttersauce

Vorbereitungszeit:
30 Min.
Zubereitungszeit:
30–40 Min.
Für 4 Personen

4 mittelgroße Fischfilets (Weißfisch, je ca. 150 g)
40 g Mehl
frisch gemahlener Pfeffer
60 g Butter
250 ml Fischfond
4 EL Zitronensaft
2 Eigelb
60 ml Sahne
1/2 Bund Petersilie, gehackt

Zitronen- und Limonenscheiben zum Garnieren

FISCHFOND:
200 g Fischabfälle (vgl. Hinweis)
2 Zitronenscheiben
1 Lorbeerblatt
350 ml Wasser
150 ml Weißwein
6 Pfefferkörner
Petersilienstengel

1. Das Mehl nach Geschmack mit Pfeffer würzen, die Fischfilets darin wenden. Überschüssiges Mehl abschütteln.
2. Die Butter in einer großen Bratpfanne zerlassen und leicht bräunen. Die Filets darin auf jeder Seite eine Min. anbraten, herausnehmen und auf Küchenpapier abtropfen lassen.
3. Verbleibendes Mehl in die Pfanne rühren, Fond und Zitronen angießen und weiterrühren, bis die Flüssigkeit zu kochen beginnt. Die mit der Sahne verschlagenen Eigelb unterziehen und sanft erhitzen. Die Fischfilets in die Sauce legen und ohne Deckel köcheln, bis sie gar sind (ca. 5–10 Min., je nach Dicke). Auf einer angewärmten Servierplatte anrichten, mit gehackter Petersilie, Zitronen- und Limonenscheiben garnieren. Restliche Sauce in einer Sauciere reichen.
4. Für den Fischfond die Fischabfälle mit den Zitronenscheiben, dem Lorbeerblatt, den Pfefferkörnern, Petersilienstengeln, Wasser und Wein aufsetzen und ohne Deckel 20 Min. köcheln lassen. Durchsieben und, falls nötig, mit Wasser auf 250 ml ergänzen.
Hinweis: Fischabfälle sind Schwänze, Köpfe und Flossen von filetiertem Fisch und im Fischgeschäft erhältlich.

TIP
Fischfond sollte nur 20 Min. gekocht werden. Im Unterschied zu Rinder- oder Geflügelfonds, bei denen sich das Aroma erst nach längerer Kochzeit entwickelt. Darauf achten, daß die Abfälle von weißen, fettlosen Fischen stammen!
Die Butter muß goldbraun sein, bevor die Filets gebraten werden. Dadurch erhält der Fisch seinen charakteristischen nussigen Geschmack.

FISCHGERICHTE

Wenn die Butter goldbraun ist, die Fischfilets zugeben und auf jeder Seite 1 Min. braten.

Das restliche Mehl gründlich mit der Butter verrühren.

Die mit der Sahne verschlagenen Eigelb unterziehen und langsam erhitzen.

Den Fisch mit dünnen Zitronen- und Limonenscheiben garnieren.

Forelle mit Mandeln

Vorbereitungszeit:
15 Min.
Zubereitungszeit:
15 Min.
Für 4 Personen

---

4 Forellen, je ca. 200 g, ausgenommen und geschuppt
60 g Mehl
gemahlener Pfeffer nach Geschmack
1/2 Teelöffel getrocknete Dillspitzen
1/4 Teelöffel Senfpulver
5 El Zitronensaft
90 g Butter
100 g abgezogene, halbierte Mandeln
150 ml trockener Weißwein
Zitronenscheiben, Dill- oder Petersilienzweige zum Garnieren

---

1. Flossen der Forellen mit der Schere abschneiden. Die Außenseite der Fische mit feuchtem Küchenpapier abwischen, um lose Schuppen zu entfernen. Das Mehl mit Pfeffer, Dill und Senfpulver würzen.

2. Die Fische auf der Außenseite mit Zitronensaft bestreichen; restlichen Saft aufheben. Die Forellen in Mehl wälzen, überschüssiges Mehl abschütteln.

3. In einer großen Pfanne die Butter erhitzen, Mandeln zugeben und unter Rühren bräunen. Herausnehmen und auf Küchenpapier abtropfen lassen. Die Fische in die Pfanne geben und auf mittlerer Flamme erst auf der einen, dann auf der anderen Seite braten, bis sie gar sind. Beim Wenden darauf achten, daß sie nicht zerfallen. Vorsichtig aus der Pfanne heben und auf Küchenpapier abtropfen lassen.

4. Den restlichen Zitronensaft und den Wein in die Pfanne gießen und ohne Deckel bei großer Hitze kochen lassen, bis die Hälfte der Flüssigkeit verdampft ist. Mandeln zugeben und die Sauce über den Fisch gießen. Mit Zitrone und Dill oder Petersilie garnieren, sofort servieren.

Seiten- und Schwanzflossen mit der Schere abschneiden.

Für die Kruste die Forellen in Mehl wälzen, das mit Dill, Pfeffer und Senfpulver gewürzt ist.

FISCHGERICHTE

Die Fische bei mittlerer Hitze von beiden Seiten braten.

Zitronensaft und Wasser bei großer Hitze und ohne Deckel auf die Hälfte einkochen lassen.

FRANZÖSISCHE KÜCHE

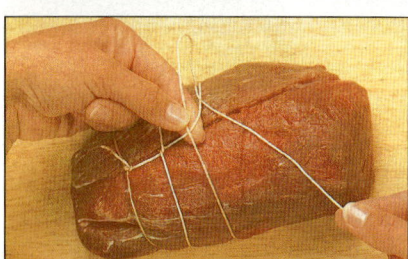

Das Fleisch mit Küchengarn zusammenbinden, damit es beim Anbraten seine Form behält.

Das Fleisch in heißem Öl von allen Seiten schnell anbräunen, damit sich die Poren schließen.

Die Oberseite des abgekühlten Fleischs mit Pastete bestreichen.

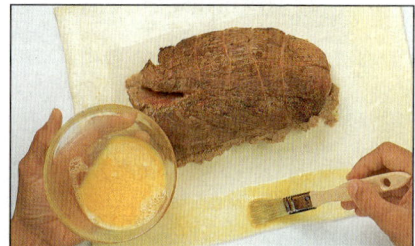

Fleisch mit der bestrichenen Seite nach unten auf den Teig legen; Ränder mit Ei bestreichen und einschlagen.

FLEISCH UND GEFLÜGEL

Die französische Küche ist berühmt für ihre Fleisch- und Geflügelgerichte, wobei sie nicht nur die teuren, sondern auch die billigeren Stücke verwendet, vor allem in wohlschmeckenden Eintöpfen und Ragouts.

Rinderfilet in Blätterteig mit Meerrettichsahne

Vorbereitungszeit:
20 Min.
Zubereitungszeit:
30–45 Min.
Für 6 Personen

750 g Rinderfilet am Stück
1 Knoblauchzehe, zerdrückt
3 EL Olivenöl
1 TL frisch gemahlener Pfeffer
100 g Hühnerleberpastete
1 Paket tiefgekühlter Blätterteig (375 g)
1 Ei, verquirlt

FÜR DIE SAHNE-SAUCE:
250 ml saure Sahne
1 EL geriebener Meerrettich (frisch oder aus dem Glas; vgl. Hinweis)
1 EL gehackter Schnittlauch

1. Backofen auf 210 °C vorheizen. Das Fleisch von evtl. vorhandenem Fett befreien und mit Küchengarn zusammenbinden. Mit Knoblauch, 1 EL Olivenöl und Pfeffer einreiben.
2. Das restliche Öl in einer großen Pfanne erhitzen und das Fleisch darin bei großer Hitze 5 Min. von allen Seiten scharf anbraten, um die Poren zu schließen. Beiseite stellen; Faden entfernen.
3. Den Blätterteig zu einem Rechteck von 40 x 30 cm ausrollen. Die Oberseite des Fleischs mit der Leberpastete bestreichen. Diese Seite auf den Teig legen, die Ränder mit dem geschlagenen Ei bestreichen und zusammenfalten. Umgedreht auf ein Backblech legen, so daß die Seite mit der Leberpastete oben liegt. Mit Teigresten dekorieren. 25–35 Min. backen. Vor dem Aufschneiden 10 Min. ruhen lassen. In 2 cm dicke Scheiben schneiden und mit Meerrettichsahne servieren.
4. Für die Sauce saure Sahne, Meerrettich und Schnittlauch gut verrühren und in eine Saucière oder eine kleine Schüssel füllen.

Hinweis: Wenn kein Meerrettich zur Hand ist, kann man 2 EL französischen Senf benutzen.

TIP
Für dieses Gericht ist sehr mageres Fleisch geeignet. Die Butter in der Geflügelleberpastete und der Blätterteig verhindern das Austrocknen.

FRANZÖSISCHE KÜCHE

Rindfleisch in Rotwein

Vorbereitungszeit:
25 Min.
Zubereitungszeit:
1 1/2 Std.
Für 6 Personen

---

1 kg Rindfleisch aus der Schulter
2 Scheiben Schinkenspeck
2 EL Olivenöl
12 Schalotten, geschält
2 Knoblauchzehen, zerdrückt
50 g Mehl
500 ml Rotwein
1 EL frischer Thymian
1 EL geriebener Meerrettich, frisch oder aus dem Glas
30 g Butter
350 g Champignons
Thymianblätter zum Garnieren

---

1. Das Fleisch von überschüssigem Fett befreien, in 1,5 cm große Würfel schneiden. Den Schinkenspeck in 1 cm breite Streifen schneiden.
2. Das Öl erhitzen, den Speck darin anbräunen lassen, herausnehmen und beiseite stellen. Die Zwiebeln in dem Speckfett gut anbräunen, herausnehmen, beiseite stellen. Den Knoblauch 1 Min. anbraten, dann die Fleischstücke in den Topf geben und Farbe annehmen lassen. Das Mehl einrühren. Rotwein, Thymian und Meerrettich zugeben und aufkochen lassen, bis die Sauce dick wird. Mit Zwiebeln und Speckstreifen bei geringer Hitze zugedeckt 1 Std. köcheln lassen.
3. Die Champignons in Butter weichdünsten. Die Pilze und den ausgetretenen Saft unter das Fleisch rühren und 1/2 Std. ohne Deckel kochen lassen.
4. Mit frischem Thymian garnieren und mit Gemüse servieren.

TIP
Statt Rindfleisch kann man auch Kaninchen- oder Hasenragout verwenden. Schmortöpfe bekommen einen kräftigen Geschmack, wenn man sie über Nacht stehen läßt und am nächsten Tag aufwärmt.

Das Rindfleisch in 1,5 cm große Würfel und den Schinkenspeck in 1 cm lange Streifen schneiden.

Das Öl in einem großen Topf erhitzen und den Speck darin braun braten.

FLEISCH UND GEFLÜGEL

Rotwein, Thymian und Meerrettich zugeben und unter Rühren kochen lassen, bis die Sauce dick wird.

30 Min. vor dem Servieren die in Butter gedünsteten Pilze unterrühren.

FRANZÖSISCHE KÜCHE

Pfeffersteak

Sehr schnell zubereitet.

Vorbereitungszeit:
15 Min.
Zubereitungszeit:
15 Min.
Für 6 Personen

6 Filet-, Rump- oder Lendensteaks
50 g Butter
1 Knoblauchzehe, zerdrückt
1 gehackte Zwiebel
3 EL Mehl
60 ml trockener Sherry oder Cognac
250 ml Rinderbrühe
2 EL grüne Pfefferkörner
150 ml Sahne
Petersilie zum Garnieren

1. Überflüssiges Fett von den Steaks abschneiden. Die Butter erhitzen, Knoblauch und Zwiebeln darin 1 Min. glasig werden lassen. Die Steaks bei großer Hitze von beiden Seiten 2 Min. anbraten. Aus der Pfanne nehmen und warm stellen. Die Pfanne vom Herd nehmen, das Mehl einrühren. Wieder auf den Herd stellen und anbräunen.
2. Sherry und Brühe angießen und aufkochen lassen. 5 Min. köcheln lassen. Pfefferkörner und Sahne unterrühren, dabei die Pfefferkörner mit dem Löffel leicht zerdrücken.
3. Die Steaks 7–12 Min. in der Sauce gar werden lassen.

Die Steaks mit den Zwiebeln und dem Knoblauch bei großer Hitze auf jeder Seite 2 Min. anbraten.

Das Mehl in der Pfanne verrühren, wieder auf den Herd stellen und das Mehl braun werden lassen.

Fleisch und Geflügel

Pfefferkörner und Sahne einrühren; die Pfefferkörner mit dem Löffel leicht zerdrücken.

Die Steaks wieder in die Sauce legen und 7–12 Min. gar werden lassen.

Cassoulet

Läßt sich einfrieren.

Vorbereitungszeit:
25 Min.
Zubereitungszeit:
2 Std.
Für 6 Personen

300 g entbeinte Hühnerschenkel
300 g mageres Lammfleisch
300 g magere Schweinelende
60 g Schweineschmalz
2 mittelgroße Zwiebeln, gehackt
2 Knoblauchzehen, zerdrückt
2 Stangen Sellerie, gehackt
1 EL Mehl
1 Dose Tomaten (440 g), abgetropft (Saft aufbewahren)
250 ml Weißwein
1 TL frischer Thymian
2 Lorbeerblätter
3 Nelken
frisch gemahlener Pfeffer
1 Dose weiße Bohnen (ca. 410 g), abgetropft
200 g gepökeltes Schweinefleisch, gewürfelt
100 g Salami, gewürfelt

1. Das Fleisch in 2 cm große Würfel schneiden; Fettränder entfernen. Schmalz in einem großen Topf erhitzen und darin die einzelnen Fleischsorten nacheinander anbraten, herausnehmen und beiseite stellen.
2. In derselben Pfanne die Zwiebeln anbräunen, Knoblauch und Sellerie zugeben, 1 Min. durchrühren, herausnehmen und beiseite stellen. Das Mehl einrühren, dann die kleingeschnittenen Tomaten, den Tomatensaft und den Wein zugeben und unter Rühren aufkochen, bis die Sauce dick wird. Thymian, Lorbeerblätter, Nelken und Pfeffer zugeben, aufkochen lassen und auf kleiner Flamme ohne Deckel 10 Min. köcheln lassen.
3. Fleisch, Zwiebeln und Bohnen einrühren und zugedeckt 1 Std. kochen.
4. Pökelfleisch und Salami zugeben und noch eine halbe Std. zugedeckt weiterkochen.

Das Fleisch von überschüssigem Fett befreien und in 2 cm große Würfel schneiden.

Das Lammfleisch in der Pfanne unter Rühren braun anbraten, herausnehmen und beiseite stellen.

FLEISCH UND GEFLÜGEL

Thymian, Lorbeerblätter, Nelken und Pfeffer in die angedickte Sauce rühren.

Fleischstücke, Zwiebeln und Bohnen in die Sauce geben.

Schweinefleisch mit Weißkohl und Pflaumen

Vorbereitungszeit:
30 Min.
Zubereitungszeit:
1 1/2 Std.
Für 4–6 Personen

1,5 kg Schweinelende
30 g Butter
1 TL Pimentpulver
150 ml Wasser
30 g Schweineschmalz
1 große Zwiebel,
  in dünne Scheiben
  geschnitten
500 g Weißkohl, in
  Streifen geschnitten
4 EL Zitronensaft

FÜR DIE SAUCE:
1 Glas eingemachte
  Pflaumen (ca. 850 g)
30 g Butter
4 Frühlingszwiebeln,
  feingehackt
60 ml Rotweinessig
1 Würfel Hühnerbrühe
40 g Mehl
180 ml Hühnerbrühe

---

1. Backofen auf 210 °C vorheizen. Die Schweinelende von Fett und Sehnen befreien, mit Küchengarn fest zusammenbinden. Butter mit dem Piment verrühren und das Fleisch damit bestreichen. Auf den Rost legen. Das Wasser in eine Fettpfanne gießen und unter den Rost in den Ofen schieben. 1 1/4 - 1 1/2 Std. braten. Das Fleisch ist gar, wenn beim Einstechen eine klare Flüssigkeit austritt. 10 Min. ruhen lassen.

2. In einem großen Topf das Schmalz erhitzen und die Zwiebelringe darin bräunen lassen. Den Kohl zugeben, durchrühren. Zitronensaft angießen. Zugedeckt 10–15 Min. kochen, bis der Kohl weich ist. Warm stellen.

3. Für die Sauce die abgetropften Pflaumen in eine feuerfeste Schüssel geben. In einem kleinen Topf die Butter erhitzen und darin die Frühlingszwiebeln 1 Min. bei mittlerer Hitze dünsten. Den Pflaumensaft und den zerdrückten Brühwürfel zugeben und ohne Deckel 5 Min. kochen. 15 Min. vor dem Servieren die Schüssel mit den Pflaumen im Backofen erhitzen.

4. Das Fleisch in sehr dünne Scheiben schneiden; Fleischsaft aufheben. Das Mehl über den Bratensaft streuen und anbräunen. Hühnerbrühe, Fleischsaft und Pflaumensauce einrühren, aufkochen und 5 Min. köcheln lassen.

5. Den Kohl auf eine Platte legen und die Fleischscheiben darauf anrichten. Die Pflaumen dazu legen. Das Fleisch mit der Sauce beträufeln; restliche Sauce getrennt reichen.

Fleisch und Geflügel

Die Butter mit dem Pimentpulver glattrühren.

Das fest zugebundene Fleisch mit der Pimentbutter bestreichen.

Den in Streifen geschnittenen Kohl zu den angebräunten Zwiebeln geben.

Den Pflaumensaft mit dem zerkleinerten Brühwürfel in den Topf gießen.

Kalbsteaks in Senfsauce

Vorbereitungszeit:
15 Min.
Zubereitungszeit:
20 Min.
Für 6 Personen

6 Kalbsteaks, 1 cm dick
2 EL Mehl
gemahlener Pfeffer
50 g Butter
1 Scheibe Schinken-
  speck, gehackt
1 große Zwiebel, gehackt
250 ml Weißwein
150 ml Hühnerbrühe
1 TL frischer Thymian
150 ml Sahne
3 EL Dijon-Senf
  (vgl. Hinweis)
Petersilie zum
  Garnieren

1. Das Fleisch von überschüssigem Fett befreien. Das Mehl mit Pfeffer würzen, die Steaks darin wenden. Die Butter in einer Bratpfanne erhitzen, Schinkenspeck und die Zwiebeln darin anbräunen. Herausnehmen und beiseite stellen. Die Steaks von beiden Seiten braun anbraten, aus der Pfanne nehmen, warm stellen.
2. Restliches Mehl einrühren, Wein und Hühnerbrühe angießen und unter Rühren aufkochen, bis die Sauce dick wird. Den Speck und die Zwiebeln wieder in die Pfanne geben, Thymian darüberstreuen und den Senf und die Sahne einrühren. Die Steaks in der leicht kochenden Sauce 7–10 Min. gar werden lassen.
3. Mit Petersilie garnieren und mit frischem Gemüse der Saison servieren.

Hinweis: Dijon-Senf ist ein milder, aromatischer Senf aus der französischen Stadt Dijon, der auch bei uns erhältlich ist. Bei diesem Rezept sollte kein anderer Senf verwendet werden, da das zarte Kalbfleischaroma von einem kräftigeren Senf erschlagen wird. Wenn kein frischer Thymian vorhanden ist, eine Prise getrockneten verwenden.

Die Butter erhitzen und den Schinkenspeck und die Zwiebeln darin goldbraun anbraten.

Das Fleisch auf beiden Seiten braun braten, dann aus der Pfanne nehmen und beiseite stellen.

Fleisch und Geflügel

Thymian, Senf und Sahne in die Sauce einrühren.

Die Steaks in der leicht köchelnden Sauce gar werden lassen.

Lamm Navarin (Lammragout mit Gemüse)

Vorbereitungszeit: 20 Min.
Zubereitungszeit: 1 ³/₄ Std.
Für 6 Personen

---

1 kg Lammkeule, in Scheiben
30 g Butter
60 ml Olivenöl
2 mittelgroße Zwiebeln, gehackt
1 Knoblauchzehe, zerdrückt
2 Pastinaken (weiße Rüben), gehackt
2 Karotten, gehackt
2 Stangen Sellerie, gehackt
40 g Mehl
1 Dose Tomaten (ca. 440 g)
150 ml Wasser
250 ml Hühnerbrühe
2 EL gehackte Minze
100 g tiefgefrorene grüne Bohnen
1 Bund Petersilie, gehackt
1 TL frische Thymianblätter
frisch gemahlener Pfeffer
1 EL französischer Senf

---

1. Backofen auf 150 °C vorheizen. Das Fleisch von Fett und Knochen befreien und in 2 cm große Würfel schneiden. Butter und Öl erhitzen und das Fleisch darin portionsweise anbräunen. Auf Küchenpapier abtropfen lassen.

2. Zwiebeln anbräunen, dann Knoblauch, Pastinaken, Karotten und Sellerie zugeben und ebenfalls leicht bräunen. Mehl unterrühren, die grob zerkleinerten Tomaten mit dem Saft, Wasser, Brühe, Minze, Bohnen, die Hälfte der Petersilie, Thymian, Pfeffer und Senf dazugeben und unter Rühren aufkochen, bis die Sauce dick wird. Fleisch hineingeben.

3. Alles in eine feuerfeste Form mit Deckel umfüllen und 1 ½ Std. im Backofen schmoren.

4. Mit der restlichen Petersilie bestreuen und mit Nudeln servieren.

Hinweis: Anfangs sieht die Sauce ein wenig dick aus, aber der austretende Fleischsaft macht sie flüssiger.

Die Fettränder abschneiden, Knochen entfernen und das Fleisch in 2 cm große Würfel schneiden.

Die Fleischwürfel portionsweise anbräunen und auf Küchenpapier abtropfen lassen.

Fleisch und Geflügel

Knoblauch, Pastinaken, Karotten und Sellerie leicht anbräunen lassen.

Das angebratene Fleisch in die Sauce geben und im Backofen 1¹/₂ Std. schmoren.

Gebratenes Huhn mit Trauben

Ein Spätsommer-Gericht.

Vorbereitungszeit:
25 Min. + 15 Min. Quellzeit
Zubereitungszeit:
1½ Std.
Für 4–6 Personen

---

1 Huhn von ca. 1,6 kg
150 g Weizenschrot
250 ml Wasser
1 Bund Schnittlauch, gehackt
1 Bund Petersilie, gehackt
2 TL geriebene Zitronenschale
2 EL Zitronensaft
1 TL getrocknete Estragonblätter
100 g kernlose helle Weintrauben, halbiert
50 g zerlassene Butter
frisch gemahlener Pfeffer
1 Ei, verquirlt
2 TL gemahlener süßer Paprika

FÜR DIE SAUCE:
40 g Mehl
150 ml trockener Weiß- oder Apfelwein
250 ml Hühnerbrühe
300 g kernlose Weintrauben, halbiert
frisch gemahlener Pfeffer
120 ml Sahne

---

1. Den Backofen auf 180 °C vorheizen. Den Weizenschrot mit dem kochenden Wasser übergießen und 15 Min. quellen lassen. Abgießen und mit Schnittlauch, Petersilie, Zitronenschale, Zitronensaft, Estragon, Trauben, Butter (1 EL aufheben), Pfeffer und verquirltem Ei gut vermischen.

2. Das Huhn waschen, mit der Weizenschrotmischung füllen, Flügel und Keulen mit Küchengarn zusammenbinden. Mit der restlichen Butter bestreichen, mit Paprika bestreuen. Auf einen Rost legen und in den Ofen schieben. Eine Fettpfanne darunterstellen. 1¼–1½ Std. braten. Beiseite stellen und vor dem Tranchieren 10 Min. ruhen lassen.

3. Für die Sauce 3 EL des ausgetretenen Bratfetts in einen Topf geben, das Mehl einstreuen, zu einer glatten Paste rühren und leicht anbräunen. Wein und Brühe angießen und unter Rühren aufkochen. Trauben und Pfeffer zugeben und ohne Deckel 15 Min. köcheln lassen. Unmittelbar vor dem Servieren die Sahne einrühren.

4. Das Huhn tranchieren und mit der Füllung auf einer angewärmten Servierschüssel anrichten. Die Sauce über die Hühnerteile gießen. Mit geschmortem Gemüse servieren.

> **TIP**
> Gebratenes Geflügel und Fleisch sollte ca. 10 Min. vor dem Anschneiden ruhen, damit es nicht austrocknet. Mit Folie abdecken.

FLEISCH UND GEFLÜGEL

Das geschlagene Ei zu den anderen Zutaten der Füllung geben und gut vermischen.

Das gewaschene Huhn mit der Traubenmischung füllen.

Wein und Hühnerbrühe angießen und unter Rühren aufkochen.

Die halbierten Trauben und den Pfeffer in die Sauce geben und 15 Min. köcheln lassen.

FRANZÖSISCHE KÜCHE

Hühnerbrust in Estragonsahne

Vorbereitungszeit:
15 Min.
Zubereitungszeit:
15–20 Min.
Für 4 Personen

---

4 Hühnerbrustfilets
50 g Mehl
frisch gemahlener Pfeffer
60 g Butter
2 Stangen Lauch, in Ringe geschnitten
250 ml trockener Weißwein
250 ml Hühnerbrühe
1 1/2 TL getrockneter Estragon
60 ml Sahne
frische Estragonzweige zum Garnieren

---

1. Mehl mit Pfeffer würzen und die Filets darin wälzen. Butter in einer Pfanne anbräunen und die Filets darin bei mittlerer Hitze 3 Min. anbraten; einmal wenden. Aus der Pfanne nehmen und beiseite stellen. Den Lauch in die Pfanne geben und anschwitzen, das verbleibende Mehl darüber streuen.

2. Wein und Brühe angießen und unter Rühren aufkochen; Estragon zugeben und ohne Deckel 10 Min. köcheln lassen.

3. Die Filets wieder in die Pfanne legen und ohne Deckel noch einmal 10–15 Min. mitkochen, bis sie gar sind. Sahne zugießen und mit Estragonzweigen servieren.

Die Hühnerbrustfilets in dem mit Pfeffer gewürzten Mehl wälzen.

Das Fleisch bei mittlerer Hitze von beiden Seiten in Butter goldbraun anbraten.

Fleisch und Geflügel

Das restliche Mehl über den leicht angebräunten Lauch streuen.

Estragon zu dem Wein, der Brühe und dem Lauch geben und 10 Min. köcheln lassen.

Hühnerschenkel mit Paprika

Vorbereitungszeit:
25 Min.
Zubereitungszeit:
40 Min.
Für 6 Personen

1 kg entbeinte Hühnerschenkel
60 ml Öl
3 Scheiben Schinkenspeck, fein gehackt
2 große Zwiebeln, in dünne Ringe geschnitten
2 Knoblauchzehen, zerdrückt
2 kleine grüne Paprika, dünn geschnitten
2 kleine rote Paprika, dünn geschnitten
40 g Mehl
6 kleine, reife Tomaten, entkernt und fein gehackt
1 EL Zucker
2 EL Rotweinessig
250 ml Hühnerbrühe
Gekochter Reis als Beilage
Petersilie zum Garnieren

1. Die Hühnerschenkel von überschüssigem Fett befreien, halbieren. Das Öl in der Pfanne erhitzen und den Schinkenspeck darin knusprig braten, herausnehmen und beiseite stellen. Das Hühnerfleisch goldbraun anbraten, herausnehmen, warm stellen. Zwiebeln und Knoblauch goldbraun anbraten, die Paprikastreifen dazugeben und zugedeckt 5 Min. dünsten.
2. Das Mehl über die Paprikastreifen streuen, durchrühren. Den Speck mit den Tomaten, dem Zucker, dem Weinessig und der Hühnerbrühe wieder in die Pfanne geben und ohne Deckel 10 Min. köcheln. Alles in einen großen Topf umfüllen.
3. Die Hühnerteile in die Sauce legen und ohne Deckel weitere 20 Min. gar köcheln lassen.
4. Mit Petersilie garnieren, mit gekochtem Reis servieren.

Hinweis: Die Tomaten müssen nicht geschält, aber entkernt werden: Dazu die Tomaten durchschneiden und die Kerne durch leichten Druck lösen. Restliche Kerne können mit einem Teelöffel entfernt werden.

Entbeinte Hühnerschenkel von überschüssigem Fett befreien und halbieren.

Tomaten, Zucker, Rotweinessig und Hühnerbrühe in die Pfanne geben

FLEISCH UND GEFLÜGEL

Wenn Zwiebeln und Knoblauch angebräunt sind, die roten und grünen Paprikastreifen zugeben.

Die Hühnerteile in die Sauce legen und 20 Min. köcheln lassen.

FRANZÖSISCHE KÜCHE

Die kleinen Triebe von der Brunnenkresse abzupfen; dicke Stiele entfernen.

Die Gurke schälen, der Länge nach halbieren und entkernen.

FRANZÖSISCHE KÜCHE

GEMÜSEGERICHTE

*In Frankreich werden Gemüsegerichte und Salate oft als eigenständiger Gang serviert.
Die folgenden Gerichte eignen sich als Vorspeisen oder leichte Mahlzeiten.*

Brunnenkresse-Salat

Vorbereitungszeit:
35 Min.
Kühlzeit:
30 Min.
Für 4–6 Personen

---

*1 Bund Brunnenkresse
2 Stangen Sellerie
1 Gurke
3 mittelgroße Apfelsinen
1 rote Zwiebel, in dünne
   Ringe geschnitten
1 Bund Schnittlauch,
   gehackt
60 g gehackte Pekan-
   oder Walnüsse*

**FÜR DIE SALAT-
   SAUCE:
60 ml Olivenöl
60 ml Zitronensaft
2 TL geriebene
   Apfelsinenschale
1 TL körniger Senf
frisch gemahlener
   Pfeffer
1 EL Honig**

---

1. Kresse waschen und die kleinen Triebe abzupfen; dicke Stiele entfernen. Sellerie waschen und in dünne Streifen von 5 cm Länge schneiden. Die Gurke schälen, der Länge nach halbieren, entkernen und in 5 mm dicke Scheiben schneiden.

Die Apfelsinen schälen, die weiße Haut entfernen, teilen. Bis zur weiteren Verwendung im Kühlschrank aufbewahren.

2. Öl, Zitronensaft, Orangenschale, Senf, Pfeffer und Honig in einem kleinen Schraubglas gründlich zusammenschütteln. Bis zum Gebrauch in den Kühlschrank stellen.

3. Alle Zutaten in eine Salatschüssel geben, mit der Sauce übergießen und vermischen. Mit Pekan- oder Walnüssen bestreuen.

Die Apfelsinen schälen; darauf achten, daß auch die weiße Haut entfernt wird.

Durch Schnitte zwischen Fruchtfleisch und Haut die Apfelsinenstücke herauslösen.

Grüne Bohnen mit Tomaten

Vorbereitungszeit: 10 Min.
Zubereitungszeit: 15 Min.
Für 6 Personen

500 g grüne Bohnen	2 EL Rotweinessig
1 Dose Tomaten (ca. 440 g)	1 TL frischer Basilikum, gehackt
2 EL Olivenöl	60 g gehackte Oliven
1 große Zwiebel, gehackt	frisch gemahlener Pfeffer
1 Knoblauchzehe, zerdrückt	Basilikumblätter zum Garnieren
2 EL Zucker	

1. Bohnenspitzen abschneiden, Bohnen halbieren. 5 Min. kochen, abschütten und abschrecken. Beiseite stellen. Die Tomaten kleinschneiden; Saft aufbewahren.

2. Das Öl erhitzen, Zwiebel und Knoblauch unter Rühren anbräunen. Zucker zugeben und karamelisieren lassen. Essig angießen, 1 Min. kochen. Danach die Tomatenstücke mit dem Saft, das Basilikum, die Oliven und den Pfeffer zugeben und ohne Deckel 5 Min. kochen.

3. Bohnen in die Sauce geben, 10 Min. mitkochen lassen. Mit Basilikumblättern garnieren und servieren.

Die Spitzen der Bohnen abschneiden, Bohnen halbieren.

Die Tomaten abtropfen lassen und in kleine Stücke schneiden, den Saft aufbewahren.

Tomaten, Basilikum, Oliven und Pfeffer zu der angebräunten Zwiebel geben.

Die vorgekochten Bohnen unter die Sauce heben und 10 Min. köcheln lassen.

GEMÜSEGERICHTE

Kartoffelgratin

Mit Salat servieren.

Vorbereitungszeit:
20 Min.
Zubereitungszeit:
1 Std.
Für 4–6 Personen

---

8 mittelgroße Kartoffeln
30 g Butter
2 EL Olivenöl
1 Knoblauchzehe,
  zerdrückt
frisch gemahlener
  Pfeffer
300 g Paniermehl
150 g geriebener Cheddar
75 g geriebener
  Parmesan

---

1. Backofen auf 180 °C vorheizen. Eine tiefe Springform von 20 cm Durchmesser mit Butter einfetten und mit Papier auslegen. Kartoffeln schälen und in dünne Scheiben schneiden.

2. Butter, Öl, Knoblauch und Pfeffer in einem Topf erhitzen. Käse und Paniermehl vermischen. Den Boden der Form mit Kartoffelscheiben dicht auslegen. Mit der Knoblauchbutter bestreichen, mit der Käsemischung bestreuen. Wieder Kartoffeln einschichten usw. bis alle Zutaten verbraucht sind. Mit Käse abschließen. Die oberste Käseschicht andrücken.

3. 1 Std. im Ofen goldbraun braten. Warm servieren.

Die Kartoffeln schälen und mit einem scharfen Messer in dünne Scheiben schneiden.

Den Boden der Form mit überlappenden Kartoffelscheiben auslegen.

Jede Kartoffelschicht mit einer Mischung aus Käse und Paniermehl bestreuen.

Mit der Hand die obere Käseschicht fest nach unten drücken.

GEMÜSEGERICHTE

Ratatouille (Auberginen-Tomaten-Eintopf)

Vorbereitungszeit:
30 Min. + 30 Min. Wartezeit
Zubereitungszeit:
45 Min.
Für 4–6 Personen

---

2 große Auberginen (500 g)
Salz
2 mittelgroße Zucchini
125 ml Olivenöl
1 große Zwiebel, gehackt
2 Knoblauchzehen, zerdrückt
2 TL Zucker
frisch gemahlener Pfeffer
2 EL Rotweinessig
2 mittelgroße reife Tomaten, geschält, entkernt und in Stücke geschnitten
60 ml Weißwein
50 g geriebener Parmesan

---

1. Auberginen und Zucchini waschen. Auberginen in 1 cm, Zucchini in $1/2$ cm dicke Scheiben schneiden, mit Salz bestreuen und 30 Min. stehenlassen. Das Salz abspülen, mit Küchenpapier trockentupfen.
2. In einer Bratpfanne das Öl erhitzen und die Zwiebeln darin goldbraun anbraten. Knoblauch und Auberginenscheiben in die Pfanne geben, goldbraun braten, herausnehmen und beiseite stellen. Danach die Zucchinischeiben braun braten.
3. Das Gemüse in einen großen Topf geben, mit Zucker und Pfeffer bestreuen; Essig angießen. Tomatenstücke und Wein dazugeben und zugedeckt $1/2$ Std. köcheln lassen.
4. Mit Parmesankäse bestreut servieren.

Tip
Ratatouille kann heiß oder kalt serviert werden, als Beilage zu Fleisch- und Geflügelgerichten oder nur mit französischem Weißbrot. Das Salz dient dazu, die Bitterstoffe aus Auberginen und Zucchini zu ziehen. Gut abspülen!

Die Auberginen in 1 cm dicke Scheiben schneiden und mit Salz bestreuen.

Auberginenscheiben zu der gebräunten Zwiebel geben und ebenfalls anbräunen.

GEMÜSEGERICHTE

Das Gemüse mit Zucker, Pfeffer und Essig würzen.

Tomatenstücke und Wein zugeben und zugedeckt 30 Min. köcheln lassen.

Kartoffelbeignets

Leicht und locker.

Vorbereitungszeit:
30 Min.
Zubereitungszeit:
15 Min.
Für 6 Personen

> *3 mittelgroße Kartoffeln, geschält*
> *180 ml Wasser*
> *50 g Butter*
> *120 g Mehl*
> *2 Eier, verquirlt*
> *180 g geriebener Gruyère*
> *2 Frühlingszwiebeln, gehackt*
> *1/2 TL Muskat*
> *Pflanzenöl zum Fritieren*

1. Die Kartoffeln weichkochen, abschütten, pürieren und beiseite stellen.
2. Wasser und Butter in einem Topf aufkochen, das Mehl dazugeben und bei niedriger Temperatur durchrühren. Etwas abkühlen lassen. Nach und nach die verquirlten Eier unterziehen. Den Teig in eine mittelgroße Schüssel umfüllen.
3. Kartoffeln, Käse, Frühlingszwiebeln und Muskat mit dem Teig verrühren.
4. Das Öl in einer tiefen Pfanne erhitzen. Mit einem Eßlöffel Portionen vom Teig abstechen und bei mittlerer Hitze 5 Min. fritieren, bis die Beignets aufgegangen und goldbraun sind. Auf Küchenpapier abtropfen lassen. Sofort servieren.

Das Mehl auf einmal in die Butter-Wasser-Mischung einrühren.

Nach kurzem Abkühlen nach und nach die verquirlten Eier unterziehen.

Käse, Frühlingszwiebeln, Muskat und Kartoffeln unter den Teig heben.

Mit einem Eßlöffel Portionen abstechen und fritieren, bis die Beignets aufgegangen und goldbraun sind.

GEMÜSEGERICHTE

FRANZÖSISCHE KÜCHE

Die geschälten Apfelviertel vom Kerngehäuse befreien und mit Zitronensaft bestreichen.

Milch oder Sahne gut mit der Eier-Mehl-Mischung verrühren.

Die Apfelviertel auf dem Teig verteilen und mit Puderzucker bestreuen.

Die Eiercreme über die vorgebackenen Äpfel gießen und eine Std. backen.

DESSERTS

Als Abschluß einer reichhaltigen Mahlzeit empfehlen sich frische Früchte. Für besondere Gelegenheiten allerdings eignen sich diese wunderbaren französischen Desserts.

Französischer Apfelkuchen

Vorbereitungszeit:
45 Min.
Zubereitungszeit:
1 1/2 Std.
Für eine Form von 23 cm

MANDELTEIG:
230 g Mehl
150 g gemahlene Mandeln
2 TL feiner Zucker
125 g weiche Butter
1 EL Wasser

FÜLLUNG:
5 mittelgroße grüne Äpfel (vgl. Hinweis)
2 EL Zitronensaft
2 EL Mehl

4 Eier, verquirlt
300 ml Milch oder Sahne
1 TL Vanillearoma
80 g Puderzucker
1/2 TL gemahlener Zimt

1. Backofen auf 210 °C vorheizen. Eine Tortenbodenform von 23 cm Durchmesser mit Butter oder Öl einfetten, Rand und Boden gleichmäßig mit Mehl bestreuen; überschüssiges Mehl abschütteln. Mehl, Mandeln, Zucker und Butter in die Küchenmaschine geben und in 30 Sek. zu einer krümeligen Masse verarbeiten. Wasser zugeben und 30 Sek. zu einem glatten Teig verrühren. Mit Folie bedecken und 30 Min. in den Kühlschrank stellen.
2. Äpfel schälen, vierteln und Kerngehäuse entfernen. Mit Zitronensaft bestreichen, damit die Apfelstücke nicht braun werden. Mehl und Eier verrühren, Milch oder Sahne und Vanillearoma zugeben und gut vermischen.
3. Den Teig zwischen Folie ausrollen. Die vorbereitete Form damit auslegen. Die Apfelviertel darauf verteilen, mit Puderzucker und Zimt bestreuen. 30 Min. backken. Aus dem Ofen nehmen und die Eiercreme über die Äpfel gießen. Bei 150 °C nochmals 1 Std. backen, bis die Creme fest geworden ist.

Hinweis: Falls gewünscht, können auch eingemachte Äpfel benutzt werden. In diesem Fall den Tortenboden 10 Min. vorbacken und abkühlen lassen, bevor die Äpfel und die Crème darauf verteilt werden. Nochmals 1 Std. backen.

Crêpes Suzette

Vorbereitungszeit:
30 Min.
Zubereitungszeit:
35 Min.
Für 4–6 Personen

FÜR DEN TEIG:
150 g Mehl
2 TL feiner Zucker
2 Eier, verquirlt
250 ml Milch
15 g zerlassene Butter
1 EL Cognac

FÜR DIE SAUCE:
60 g Butter
40 g Zucker

1 EL gehackte Orangenschale
1 EL gehackte Zitronenschale
250 ml Orangensaft
60 ml Zitronensaft
150 ml Grand Marnier
Sahne oder Eis

1. Für den Teig alle Zutaten in die Schüssel der Küchenmaschine geben und ca. 40 Sek. glattrühren. In eine Schüssel gießen, mit Plastikfolie abdecken und 1 Std. stehen lassen. Der Crêpe-Teig sollte die Konsistenz von flüssiger Sahne haben. Wird der Teig beim Ruhen dicker, mit Milch oder Wasser verdünnen.
2. Crêpes backen: 2-3 EL Teig in eine gefettete Crêpe-Pfanne von 10 cm Durchmesser gießen. Pfanne schütteln, damit sich der Teig gleichmäßig verteilt.
Bei mittlerer Hitze ca. 1 Min. backen, bis die Unterseite goldbraun ist. Wenden und noch einmal 1 Min. backen. Auf einen Teller geben, mit einem Küchenhandtuch abdecken und warm stellen. Für die weiteren Crêpes bei Bedarf die Pfanne nachfetten.
3. Sauce: In einer Pfanne die Butter erhitzen, den Zucker zugeben und bei mittlerer Hitze unter ständigem Rühren karamelisieren lassen. Dann die Zitronen- und Orangenschalen, den Saft und den Grand Marnier zugeben und 10 Min. ohne Deckel köcheln lassen.
4. Fertigstellen: Backofen auf 210 °C vorheizen. Die Crêpes zweimal falten und so in eine ofenfeste Schale schichten, daß sie sich überlappen. Die Sauce darübergießen und 10–15 Min. backen. Warm mit Sahne oder Eis servieren.

TIP
Man kann die Crêpes auch beim Servieren flambieren. Dazu 2 EL Grand Marnier, Cognac oder Orangenlikör in einem kleinen Pfännchen erhitzen, am Tisch anzünden und über die Crêpes gießen. Denken Sie daran, daß offenes Feuer in Innenräumen gefährlich ist! Der Crêpe-Teig ist für alle Crêpes mit süßen Füllungen geeignet. Servieren Sie sie mit Sahne oder Eis.

DESSERTS

Geben Sie alle Zutaten für den Teig in die Schüssel der Küchenmaschine.

Die Crêpes von beiden Seiten goldbraun backen, auf einen Teller legen und zudecken.

Orangen- und Zitronensaft zu der karamelisierten Butter-Zucker-Mischung geben.

Crêpes in Viertel falten, in eine feuerfeste Form schichten und mit der Sauce begießen.

Kaltes Grand-Marnier-Soufflé

Vorbereitungszeit:
35 Min. +
2–4 Std. Kühlung
Zubereitungszeit:
10 Min.
Für 6 Personen

FÜR DAS SOUFFLÉ:
4 Eier, getrennt
60 g Zucker
1 TL Vanillearoma
150 ml Grand Marnier
1 EL geriebene Apfelsinenschale
250 ml Apfelsinensaft
1 EL gemahlene Gelatine
60 ml Wasser
350 ml Schlagsahne, geschlagen

ZUM GARNIEREN:
Schlagsahne
geröstete Mandelblätter,
glasierte Orangenscheiben

---

1. Eine Souffléform von 18 cm Durchmesser mit einem Stück gefalteter Alufolie umwickeln, das oben 5 cm übersteht. Festbinden. Boden und Ränder der Schüssel sowie die Folie mit Pflanzenöl einfetten.
2. Eigelb, Zucker, Vanillearoma, Grand Marnier, Apfelsinenschale und Saft im Wasserbad über fast kochendem Wasser mit dem Handrührer aufschlagen, bis die Mischung dick wird. Wasser in eine kleine Schüssel geben, Gelatine darüberstreuen. Die Schüssel in einen Topf mit heißem Wasser setzen. Rühren, bis sich die Gelatine aufgelöst hat, dann unter die Eiercreme ziehen. Die Rührschüssel mit der Creme in Eiswasser stellen und erkalten lassen; gelegentlich durchrühren.
3. In einer sauberen Rührschüssel die Eiweiße steif schlagen, bis sich am Schneebesen kleine Spitzen bilden. Unter die Eiercreme ziehen. Die Mischung in die vorbereitete Souffléform gießen. Über Nacht im Kühlschrank festwerden lassen.
4. Zum Servieren die Folie vorsichtig entfernen und das Soufflé mit Schlagsahne, gerösteten Mandelblättern und glasierten Orangenscheiben dekorieren. Mit süßem Gebäck servieren.

Hinweis: Die Folie hält den Rand des Soufflés zusammen, bis es fest geworden ist. Sehr vorsichtig entfernen.

TIP
Die Arbeit mit Gelatine ist nicht schwer, wenn man ein paar einfache Regeln beachtet: Kaltes Wasser in eine kleine Schüssel geben und die Gelatine darüberstreuen, so daß sie weich wird und sich keine Klumpen bilden. Dann die Schüssel in ein Wasserbad stellen und rühren, bis die Gelatine aufgelöst ist. Grand Marnier ist ein französischer Orangenlikör.

Desserts

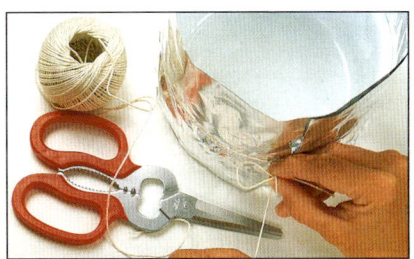

Die Folie um die Souffléschüssel wickeln und festbinden.

Die Eigelbmischung im Wasserbad über fast kochendem Wasser aufschlagen, bis sie dick wird

Die Gelatine zum Einweichen über kaltes Wasser streuen.

Die Creme in die vorbereitete Souffléschüssel löffeln und kühlen.

Beignets mit Erdbeersauce

Vorbereitungszeit:
30 Min.
Zubereitungszeit:
35 Min.
Für 6–8 Personen

FÜR DIE BEIGNETS:
250 ml Wasser
60 g Butter
60 g feiner Zucker
100 g Rosinen
1 TL geriebene
   Orangenschale
150 g Mehl
3 Eier, verquirlt

FÜR DIE SAUCE:
60 g feiner Zucker
60 ml Wasser
250 g Erdbeeren
2 EL Cognac oder
   Erdbeerlikör
Pflanzenöl zum
   Fritieren
Puderzucker
Schlagsahne

---

1. Für die Beignets Wasser, Butter, Zucker, Rosinen und Apfelsinenschale in einem kleinen Topf aufkochen. Das Mehl zugeben und mit einem Holzlöffel zu einem glatten Teig verrühren. Etwas abkühlen lassen und nach und nach die verquirlten Eier unterziehen.
2. Für die Sauce Zucker und Wasser erhitzen, bis der Zucker aufgelöst ist. Die Erdbeeren 5 Min. ohne Deckel in dem Sirup köcheln lassen. In der Küchenmaschine pürieren. Mit Cognac oder Erdbeerlikör abschmecken.
3. Das Öl in einer tiefen Pfanne erhitzen. Mit einem Eßlöffel Portionen vom Teig abstechen und bei mittlerer Hitze fritieren, bis die Beignets aufgegangen und goldbraun sind. Auf Küchenpapier abtropfen lassen. Mit Puderzucker bestäuben.
4. Mit Erdbeersauce und Schlagsahne servieren.

Hinweis: Man kann die Beignets auch mit Kiwi-, Mango-, Passionsfrucht- oder Heidelbeersauce servieren.

Das Mehl in die Butter-Zucker-Mischung schütten und glattrühren.

Die Erdbeeren in dem Sirup 5 Min. ohne Deckel köcheln lassen.

DESSERTS

Gehäufte Eßlöffel Teig vorsichtig in das heiße Fett geben.

Wenn die Beignets aufgehen und goldbraun werden, herausnehmen und abtropfen lassen.

FRANZÖSISCHE KÜCHE

REGISTER

Apfelkuchen, französischer 57
Auberginen-Tomaten-Eintopf s.
  Ratatouille

Beignets mit Erdbeersauce 62
Bohnen, grüne, mit Tomaten 48
Brunnenkresse-Salat 47

Cassoulet 32
Crêpes Suzette 58
Croustade mit Krabbenfüllung
  6

Fisch
  Fischfilets mit Buttersauce
    22
  Fischpastete mit Melba-
    Toast 10
  Forelle mit Mandeln 24
  Gebackene Zahnbrasse mit
    Tomaten 21
Französischer Apfelkuchen 57
Französische Zwiebelsuppe 5

Gebackene Zahnbrasse mit
  Tomaten 21
Gebratenes Huhn mit Trauben
  40
Gougère mit Champignons und
  Schinken 12
Grand-Marnier-Soufflé, kaltes
  60
Grüne Bohnen mit Tomaten 48

Huhn, gebratenes, mit Trauben
  40
Hühnerbrust in Estragonsahne
  42
Hühnerschenkel mit Paprika 44

Kalbsteaks in Senfsauce 36
Kaltes Grand-Marnier-Soufflé
  60
Kartoffelbeignets 54
Kartoffelgratin 50
Kartoffelomelette mit
  Olivenpaste 16
Käsesoufflé mit Krebssauce 14
Krabben
  Croustade mit
    Krabbenfüllung 6
Krebse
  Käsesoufflé mit Krebssauce
    14

Lamm
  Cassoulet 32
  Lamm Navarin (Lammragout
    mit Gemüse) 38
  Lauchtorte 18

Omelette, Kartoffelomelette mit
  Olivenpaste 16

Pastete
  Gekühlte Fischpastete mit
    Melba-Toast 10

Pfeffersteak 30

Ratatouille (Auberginen-
  Tomaten-Eintopf) 52
Rinderfilet in Blätterteig mit
  Meerrettichsahne 27
Rindfleisch
  Pfeffersteak 30
  Rinderfilet in Blätterteig mit
    Meerrettichsahne 27
  Rindfleisch in Rotwein 28

Schweinefleisch
  Cassoulet 32
  Schweinefleisch mit Weißkohl
    und Pflaumen 34
Soufflés
  Kaltes Grand-Marnier-
    Soufflé 60
  Käsesoufflé mit Krebssauce
    14

Tomaten- und Oliventorte 8

Zahnbrasse, gebackene, mit
  Tomaten 21
Zwiebelsuppe, französische 5